Conozco una viejita
que una mosca se comió.
Yo no sé por qué la mosca se
comió.
Pobrecita viejita, pero no se
murió.

**Conozco una viejita
que una araña se comió,
en su estómago le gruñó y
gruñó.
Pobrecita viejita, pero no se
murió.**

**Conozco una viejita
que un pájaro se comió,
con todo y plumas el pájaro se
comió.
Pobrecita viejita, pero no se
murió.**

Conozco una viejita que un gato se comió, en un plato el gato se comió. Pobrecita viejita, pero no se murió.

Conozco una viejita que una perra se comió,
le dió guerra la perra y se la comió.
Pobrecita viejita, pero no se murió.

Conozco una viejita que un
chivo se comió,
todo vivo el chivo, así se lo
comió.
Pobrecita viejita, pero no se
murió.

Conozco una viejita que un caballo se comió.

Por supuesto, ¡esa viejita se murió!